JN441112

별밭 서정

세종마루시선 021

별밭 서정

2026년 1월 30일 초판 1쇄 발행

지은이 황우진
펴낸이 윤영진
기획 이은봉 김백겸 김영호 최광 성배순
홍보 한천규
펴낸곳 도서출판 심지
등록 제 2003-000014호
주소 34570 대전광역시 동구 대전천북로 12
전화 042 635 9942
팩스 042 635 9941
전자우편 simji42@hanmail.net

ISBN 978-89-6627-279-2 03810

세종마루시선
021

별밭 서정

황우진 시집

시인의 말

밤하늘을 바라보며 저편 별나라에는 누가 살고 있을까 상상의 나래를 펼쳐봅니다.

광대한 우주를 바라보며 아스라한 인간의 존재에 대해 생각합니다.

우리 인간의 본질은 무엇인가 하는 오래된 의문을 가지고 나에게 시詩란 무엇인가! 질문해 봅니다.

'사람들은 왜 시를 쓰고 있을까?'

'시는 어떻게 인류 문화의 물줄기가 되어 인간 정신을 발현하고, 인간의 희로애락, 역사의 고고한 숨결을 담아 왔을까'하는 의문을 가슴에 담고 우주처럼 광활한 시의 바다에서 한줄기 강물이 되어 시를 써내려 갑니다.

어려서 어머니와 아버지 가족들이 함께 살던 고향 집을 생각합니다.

고향집 대나무숲 별밭 아래에서 행복하게 살아왔던 날들을 추억합니다.

동무들과 뛰놀던 뒷동산과 보리밭과 신명 나는 가을 추수를 생각합니다.

맑은 시냇물처럼 졸졸 흐르며 나비와 춤을 추기도 하고 조용히 노래도 불러 봅니다.

때로는 거대한 산에 막혀 밤새도록 술을 마시고 번민하며 숲속을 걸어 봅니다.

문득, 광화문 광장에 있는 사람들을 바라보며 우리의 냉혹한 겨울 앞에서 이 시대 시인은 무엇을 해야 하는지 고민합니다.

잠 못 드는 밤에는 과거를 살았던 시인들과 이야기를 나누며 나는 무엇을 위해 쓰고 있는지 스스로 자문해 봅니다.

고대부터 인간은 시의 바다에서 사색하며 슬픔과 기쁨, 사랑과 절망, 탄식과 환희, 사후세계까지 인간 정신의 모든 것을 시 속에 담아 왔습니다.

한 시대가 가고 다른 세상이 와도, 정치가 썩어 망국의 나라가 되어도, 어떤 종교가 흥하고 쇠하더라도 시는 그 시대의 골수로 남아 우리에게 왔습니다.

시는 우리의 영혼을 밤하늘의 별처럼 빛나게 합니다.

시는 나에게 불타는 종교이고 꽃피는 나무이며 우주로 향하는 나침판이기도 합니다.

시와 함께 우리가 살아온 역사를 생각하고 그 역사의 파고에서 소리치는 민중들의 가슴을 생각하고 시인의 고난과 가슴앓이를 생각해 봅니다.

우리는 이 땅에서 무엇을 하며 어떻게 사는 것이 행복인지 끝없는 질문을 해봅니다.

시는 인간 정신세계의 모든 것을 담는 혼魂의 바다입니다.

시 속에서 내 몸과 영혼이 자연과 하나 됨을 느낍니다.

소나무가 되어 바람과 이야기도 하고 벚나무가 되어 봄날을 노래합니다.

종달새가 되어 비가 갠 하늘을 날아다니기도 합니다.

빛나는 초록의 작은 점 안에서 우리 모두가 연민의 가슴으로 하나 됨을 느낍니다.

당신과 내가 함께 시의 세계에 머문다면 우리는 오욕을 저버리고 지고지순한 세상에서 물처럼 흘러가겠지요.

잠시라도 우리가 그러한 별밭에서 함께한다면 우리의 영혼은 한층 더 충만하고 맑게 빛나리라 믿습니다.

2026년 새해를 열며

황우진

차례

제2부 비단강

제3부 세종의 새벽하늘

제4부 유월 장미

제5부 가을 편지

제6부 부활

〈일러두기〉

* 본문에서 〉는 '단락 공백 표시'로 한 연이 새로 시작된다는 표시이다.

제1부
별밭

매화꽃 봄날

숨이 막힌다 숨이
미풍의 햇살에
가만히 열리는 하늘의 속살

순정의 하늘이 다하고
삼라만상 숨죽인 가슴에
연초록 눈물이 흐른다

거친 풍랑 가지에 잠재우고
연분홍 심장
자꾸만 떨리는 봄날에.

삼월의 하늘

달려가 보세 달려가 보세
만세 소리 들려 오네 달려가 보세

3월 만세 부르던 하늘
학교에서 장터에서
고갯마루에서 산마루에서

높이 쳐든 횃불 타오르네
자꾸만 활활 타오르네

저 산 너머에서 독립군가
들려오네 천지를
뒤흔드는 함성 우렁우렁 들려오네.

산수화 꽃피는 새벽

꼭두새벽 이른 아침
푸른 가슴 노란 눈망울
새벽보다 일찍 잠 깨어난
네 이름은 누구냐

추운 바다 훌쩍 떠나버린
이제는 바람과 별이 되어버린
네 이름조차 가물가물 흐려지는
가슴 아픈 세월 흐른다

이슬도 차가운 새벽 아침
산까치 소리 없이 울고 가고
오래전 눈물 마른 시인
진눈으로 가슴 저려온다.

고추장

저 빛깔 좋은 태양의 에너지
너는 어디서 오느냐
이글이글 불타는 너의 정열에
세상 모두 감탄하고 있다
하얀 꽃으로 태어난 너는
감미로운 사랑을 꿈꾸는
초록빛 풋사랑이었다가
밤하늘에 별빛 연서를 쓰던 소년의
애타는 달빛 가슴이 된다
지구가 태양을 반 넘어 휘감아 도는
8월의 아침 너는 문득
잉카의 태양 신전을 본다
붉은빛 찬란한 신전 기둥에서는
한여름의 비바람, 번개 천둥소리,
모두 깃발이 되어 펄럭인다
이윽고 너는 사랑으로 버무려진다
순간, 메줏가루로 부서지는 젊음
쓰라린 가슴 껴안으며
태양 빛 빨간 고추장이 된다.

구난이 된장

자식들은 잘 몰라요
콩밭에 심은 어머니 사랑
불효자식은 더욱 몰라요
메주를 쑤던 어머니 기도
그 눈물의 기도, 별빛에 맺혀
푸른 콩 알알이 여물어가고
늦가을 햇살 처마 끝에서
메주가 익어가고요
뜨거운 사랑이……
사시장철 흘러가는 시냇가에는
구수하고 맛깔난 된장이 익어 가지요
시냇물 흘러 흘러
이제는 홀로 남아
구슬픈 된장독이 되어버린 나는
아침 된장국을 한 솥 끓이고 있어요
속상함은 술로 달래고
쓰린 속은 된장국으로 달래야지요
가을 햇살 곱게 익은 구난이 된장
참말로 맛이 좋아요.

어머니 간장

우리 집 장독대에는
가장 큰 항아리 단지 하나 있지요
숨기 장난하던 시절 작은 몸
가장 잘 숨겨주던 대장 항아리
울어머니 슬픈 사연 담겨 있어요
자식들 출가시키고 텅 빈 가슴
슬픈 눈물 가득히 담겨 있어요
이슬처럼 가난한 시절
절절하게 가슴 아픈 이야기
모두 다 담겨 있어요
배고프고 침울한 제국의 하늘
봉선화 꽃물만 바라보던 어린 시절
완장 차고 날뛰어 숨죽이던 동란
애간장 끊던 가슴 모두 다 녹아내려
칠흑빛 간장이 되었지요
간장 공장 공장장은 강 공장장이고
된장 공장 공장장은 공 공장장이었다 하네요.

장독대 소금

우리 집 장독대에는
언제나 변함없는 소금 항아리 있었지요
밤새워 무슨 생각 저리 깊어
온몸이 하얗게 되었을까요

장독대에 하얀 눈이 쌓이고
할아버지 머리칼도 하얗고
할머니 머리칼도 하얗고
우리는 백의 가족 되었나 봐요

파도 같은 생각들이 책장에 밀려오고
오늘은 이 생각 저 생각
내 머리칼도 하얗게 변해가고요
눈썹도 소금 눈썹 되어갑니다.

5월의 이팝꽃

출근길 눈부신 향기로
인사하는 그대는 누구신가요

겨우내 쌓아놓은 켜켜 묵은
고운 정이 하얀 눈꽃으로 피네요

함박눈처럼 고운 이 드러내고
수줍게 웃음 짓는 그대의 모습

별처럼 분주한 도시의 근심
모두 다 사라지네요.

별밭 서정

사람들아, 잠 못 드는 밤에는
별밭으로 가자
풀벌레 숨죽여 노래하는
별밭으로 가자

청량한 이슬 내리는 별밭에는
은하수 강물 꿈결로 흘러가고
잊혀지지 않는 이름이
초롱초롱 빛나고 있다

첫날밤 아사달 혼불 춤추는
청사초롱 사랑이 불 타고
고희의 눈물이 흐르고 있다.

여름 서정

온 동네 꽃 잔치가 끝나고 나면
들판은 푸른 향기를 더하고
계절은 하지를 지나
농익은 초록빛 여름 우산을 쓴다.

텃밭에는 강낭콩 푸른 날개 익어가고
햇살은 옥수숫대보다 길게 자라고
소년은 사랑방에서 낮잠을 잤다
누렁이는 뜰팡에서 졸고 졸아도
붉은 해는 서산마루에 걸려 떠날 줄을 모른다

할머니가 배작골에서 하지감자를 캐고 나면
바람은 서녘 하늘 가득 장맛비를 실어 나르고
주먹 같은 소낙비를 맞으며 아버지는
조롱이를 입고 강삿골에 가시고
소년은 대나무로 길다란 물줄기를 만들어
시냇가에서 호랑나비와 물놀이를 했다
마당 가에 모닥불 타오르는 초저녁
밀대 멍석 위에 초롱초롱 별이 떠오른다

깜빡이는 반딧불 아래 어머니는
맛깔스러운 호박 수제비를 빚어내고
향기로운 초가집 여름밤은 깊어만 간다.

참외

한여름 햇살 내리쬐는
8월에는 원두막으로 가자
노란 참외 첫사랑 익어가는
원두막으로 가자

맑은 물 흐르는 실개천에는
호랑나비 팔랑팔랑 춤을 추고
아기 참외 살찌우는
솔솔바람 불어온다

이 참외는 할머니께 드릴 성찬
저 참외는 칠성님께 올릴 치성
못생겨도 맛이 좋은 개똥참외는
사랑하는 여드름쟁이 순이 참외

한낮 태양은 뜨겁게 작열해도
내 마음은 참외처럼
둥글둥글 노랗게 익어간다네
참외밭 뻗어 가는 참외 순처럼

초록빛 푸른 초원을 달려가네

원두막으로 가자
솔솔바람 불어오는 원두막으로 가자
노란 참외 첫사랑으로 익어가는
원두막으로 가자.

김치 사랑

배추라는 이름으로 지구의 생生을 시작한 너는
우윳빛 파란 가슴 치맛자락에
우악스러운 뭇 사내의 땀 내음
보살 같은 미소로 씻어주었다

가을 햇살보다 노란 속살은
누구를 위한 마지막 성찬의 기쁨이었는가
햇살을 사랑으로 가꾸고 키우는
지구의 초록빛 생명들아
오늘 밤 우리 모두 축배의 잔을
높이 들어 올리자

하얀 배추와 결합한 빨간 고추 양념의
행복한 미소를 그대는 보았는가
지상 최고의 위대하고
맛깔스러운 김치의 탄생을 위해
오늘 밤 성배의 잔을 높이 들어 권하노라.

제2부
비단강

한솔정

학의 은빛 날갯짓인가
푸른 솔숲에 춤추는 정자 마루

옛날 옛적에 하얀 날개 타고
신선이 날아와 더위를 식히던 바위 자락

비단 강물 휘돌아
옛 임을 그리워하고

푸른 언덕 저 멀리
고운 임 손짓하네.

참샘 가에서

하늘과 땅과 물길이
조화로운 이 땅
참샘이 있어 더없이 좋네

사막 한가운데에는 모세의 샘이 있어
하느님의 사랑을 알게 하시고
금수강산 이 땅에는 참샘이 있어
신선의 얼을 알게 하시네

꽃피고 산새 우지지는 봄날에는
선녀가 고운 손 적시며 물을 긷고
목마른 사슴이 목을 축이던
아름다운 비단강 참샘에서는
맑고 고운 샘물 솟아오르네

기나긴 전설을 따라
맑은 기운 솟아 나고
천도복숭아 흘러내리던 이 마을
참샘 가에서 사람들은

한없이 아름다운 노래를 부르네.

개망초 언덕

7월의 짙푸른 언덕에
개망초꽃 피어오르네
눈물 어린 소원들 흰 눈으로 날리고
은하수 하늘 강가에 별은 빛나는데
땅에는 욕지거리 발자국 찍힌
갈라진 흙더미에 개망초들 피어나네
저 하얗고 아름다운 꽃을
누가 망초라 불렀을까
망초에서 한참 더 망가진
개망초라 함부로 불렀을까
건너 마을 순이는
개망초 활짝 피어난 달밤에
패랭이 장수를 따라
야반도주했다네
독수리 성운 창조의 기둥에서
나는 울다가 별이 되어 다시 태어나고
지구의 한 모퉁이에서 들끓던 사랑
하얀 꽃 개망초가 되어 피어나고 있네.

두 발로

외로운 날에는 두 발로 걷자
번민의 가슴 먹먹한 날에는
새벽하늘 바라보며 두 발로 걷자

새벽하늘 논밭의 푸른 잎사귀
번뇌의 하늘 한 꺼풀씩 벗겨지고
시냇물 소리 솔 향기 가슴 깊이 스며든다

슬픈 눈물 가득한 날에는
출렁이는 풀빛 하늘을 걸어가자
갈참나무 아카시아 향기 스며드는
황톳길을 맨발로 걸어가자

새소리 들려오는 산바람에
번뇌의 잔불 사그라들고
지구 위 바위 자락에 두 발로 서면
세상 번뇌 아득히 사라진다.

수국정원

장맛비 내리고 수국의 나라
꽃들이 만발하네
하늘 물길 흘러내리는
유구천에서 노자 장자
한가로이 마음을 담그고
수국의 나라 도道를 즐기고 있네
사모하는 님이여
수국정원에 한번 놀러 오시구려
그대 오시는 날은
수국 향기 가득한
유구천 평상에 자리를 깔고
맛깔스러운 메밀국수
소반에 가득가득 담아
향긋한 미소로 올리오리다.

비단강

강이 내게 말하네
물처럼 흐르라고 말하네

바위에 부딪히고 둑에 막혀도
아침 햇살처럼 반짝이며
미소 띤 얼굴로
흐르라고 말하네

강은 내게 또
바람이 되라고 말하네

산처럼 구름처럼
어깨동무 노래하며
실버들 푸른 바람으로
부드럽게 살라 하네.

청벽강 푸른 물결

청벽강 여름은
수박처럼 농익어가고
옛 고을 정겨운 마을
택리지에 보이네.

깎아지른 절벽에 푸른 물결이여
밀짚모자 아래에서 더위를 피하고
파란 하늘 낚싯대 드리우니
옛 신선의 풍류가 그리워지네

흰 구름은 저 멀리
산 넘어가고
강물은 흘러 흘러 어디로 가나
내 마음은
뻐꾸기 우는 숲으로 가네.

덕성서원 별밭

고고한 풍류객 어깨춤 들썩이는
덕성서원 별밭에 음악이 흐르네
바람 타는 대금 가락에
별들 가슴 콩닥이며 속삭이고
가슴 타는 가야금 애절한 곡조에
달님 얼굴 붉어지네
푸른 산은 허리 굽혀
귀 기울이고
상쾌한 비 갠 하늘 낮게 드리워
가을바람 성글게 불어오네
잘 익은 시조 한 소절로
가을은 깊어가고
태고의 아사달 신시神市
국화 향기가 마음을 울렁이게 하네.

무궁화
— 그대 앞에 서면

아주 먼먼 옛날
하늘 아래 강과 산맥
삼천리 반도에 펼쳐지고
무궁화꽃이 피었습니다
수줍은 미소로
순박한 백의 입고
가슴 속 깊이 설레던
겨레의 꽃이여!
하얀 백설 위에
핏빛 가슴 적시며
깊이깊이 사무쳐
하늘마저 눈을 감은
생명의 꽃이여
그대 앞에 서면
오늘도 눈물이 납니다.

무궁화
— 민족의 혼

3 · 1 만세 운동 때 나부끼던
태극기 꽃잎, 가슴 깊이
새롭게 피어나고
무명 저고리에 튀던 4 · 19 혁명 때의 피
지금도 백설 가슴 얼룩져 있나니
아, 밀물처럼 밀려와
그대 치맛자락 앞에 쓰러지던
민족의 혼이여!
가엾어라 슬픈 가슴, 가슴 애달픈 노래여
늠름하여라 만년 빙하보다 굳세던 지조의 향기,
창대하게 펼쳐지던 민족의 기상,
팔월의 뜨거운 태양 아래
억조창생의 가슴, 가슴마다
조각조각 새겨지던 저 무궁화 꽃잎
한 잎 한 잎, 삼천리 강토를 적시며
다시 또 피어나고 있구나.

운주산雲住山

백두대간 휘달리는
아득한 산맥이여
바람 소리 물소리 스며드는
하늘의 정령들이여
백제여 고구려여 신라여
비장함으로 살다 가신
삼국의 영靈들이여
바위 북 소리에
그날의 뜨거웠던 심장 멈추어 있고
슬픈 눈물을 감추었습니다
꽃처럼 살다 가신 애끓는 영혼
피어나는 운무 속에 스며들어
삼국이 하나 되어 울리는 가슴
운주산 바위북 소리에 들려옵니다.

천도遷都

성자의 별빛 내리는 신성한 땅
봉황이 깃들고 복사꽃 피어나네

만삭의 구월 지나 탄생의 첫울음 들려오고
무릉도원 나성에 천도의 나라 열리네

고조선 아사달 남상濫觴의 등불이여!
비단강 자락에 천도의 등댓불 새롭게 켜네

삼천리 모든 강의 여신 횃불을 밝히고
장백의 연초록 바람에 복사꽃 붉어지네

천도복숭아 도란도란 익어가는 강마을
무지개 빛나고 사람들 향기 다정도 하여라.

제3부
세종의 새벽하늘

설까치의 노래

이른 아침 하늘 아래 까치가
나목에 앉아 노래하네요

저 까치가 노래하는 까닭은
당신의 바람을 잘 알고 있기 때문이지요

웃는 가슴 환한 얼굴로
새해의 소망을 말해 보아요

천진한 마음에 눈 내리고 순백의 설원에
당신의 소망 빨갛게 익어가네요.

전월산轉月山

강물과 산맥이 흐르고 뭉쳐
삼태극 전설이 쌓이는 합강마을
달빛은 구르다 떨어지고
바람은 구름을 몰고 바다로 간다

며늘아기 애절하던 산마루
하늘 오르던 龍은
버드나무 전설로 천년을 살고
무장武將의 무쇠 충절은
은행나무 등피 되어 영원을 산다.

세종의 새벽하늘
— 해탈 웃음

출렁이는 동해에 먼동이 터오고
전월산에 새벽바람이 불어옵니다

호수는 고단한 단잠에서 깨어나고
자전거 바퀴가 바람의 언덕을 넘어갑니다

멈추지 않는 두 바퀴는 강물이 되어
사람 사는 세상 향해 천천히 달려갑니다

새벽하늘 눈부신 구름 되어 흘러가는
해탈 웃음에 백일홍꽃들이 피어납니다.

세종의 새벽하늘
— 님의 발자국

전월산 아래의 새벽하늘
철새들 날아가고
합강의 안개 바람
당신의 가슴속 깊이 맴도는
불면의 밤을 떠오르게 합니다
하회탈 웃음으로
세월의 가슴속에서
영원히 살아 있는
향기로운 님이시여
당신께서 그날 그때
첫 삽을 뜨신 세종은 이제
어엿한 청년이 되어 있습니다
바위처럼 무거운 걸음으로
시작한 신행정수도 세종
이웅다리 놓이고
꽃 같은 사람들
님의 발자국을 따라
웃음 띤 얼굴로 걸어갑니다
지금도 오월 봉하마을에는

노란 바람개비가 돌고 있겠지요
그리운 님이여 전월산에
새벽바람 불어오면
당신의 영혼인 줄 알겠습니다.

그리운 바보

밀짚모자 눌러쓰고
바람같이 살다 간
그리운 임아 막걸리 한 잔
자전거 두 바퀴로
천하를 주유하던 다정한 님아,
바보라 바보를 그리워하는가
마옥당 호롱불은 아직도 청초한데
웃음 띤 홍안은 어디로 갔는가
부엉이바위에서 탄식하던
해탈의 불꽃이여
먼동이 터오는 동녘에서
당신의 사자후 들려오네
삶과 죽음의 경계를 초월하고
바보가 되어버린
당신이 그리워
바위 부처님도 눈물 흘리네
푸른 하늘 비둘기 떼 날아오르고
고결한 영혼 바람 되어 구름 되어
고요히 정토원에 드셨나

하늘 구름 아래
한 조각 바위만 남아
허공에서 님의 목소리
메아리로 들려오네.

셀카

당신의 마음속에는
어떤 세상 들어 있나요

어떤 이의 마음에는
푸른 산이 들어 있고
어떤 이의 마음에는
너른 들판 들어 있어요

푸른 산에는 새소리 들려오고요
너른 들에는 맑은 시냇물 흘러가지요

푸른 산 너른 들에는
꽃들이 피어나고요
당신은 꽃밭을 가꾸는
행복한 키다리 농부시군요

사람들이 꽃향기에 취해
행복한 미소로 셀카를 찍고 있네요
셀카 미소에 꽃들이 웃고 있네요.

투표

당신의 투표용지 한 장에는
무슨 마음이 들어 있나요
나의 투표지 한 귀퉁이에는
길동이의 통곡이 들어 있어요
춘향이의 눈물이 배어 있고요
당신 투표용지 한 장에는
인내천 은비늘의 하늘이 파닥거려요
민주의 함성, 피의 깃발 소리 들려오고요
귀 기울이고 들어 보아요
투표의 함성에는 들어 있어요
오월의 장미꽃보다 더 빛나는
밤 하늘 별밭에는 초롱초롱한
눈망울들 가득가득 들어 있어요.

순교

하늘에 계신 주님을 위해
기꺼이 마음과 몸을 바치신 복자여
당신을 보면 세상은 어찌 그리
조약돌처럼 작아 보이는지요
바위산 기도의 발길을 따라
고난의 가시밭길 뒤따라 밟으며
저는 자꾸만 걸어갑니다
시내산 위에선 여섯골
고난의 성자여 저의 걸음걸음이
천 근 무게로 무거운 것은
당신의 금강석 불꽃 영혼이
마음속 깊이 숨 쉬는 까닭입니다
인류의 등대지기 성자여
우리의 가슴이 갈대처럼
당신 앞에서 서걱거리며 우는 것은
바윗돌 위에 부서진 육신의 고통이
서릿발 칼날로 다가오는 까닭입니다
기도합니다 바위에 무릎을 꿇고
기도합니다 물속에서 순절한

여숫골 슬픈 영들을 위하여
회화나무 가지 끝 머릿돌 되신
영혼을 위하여 통곡의 눈물 쏟으며
나, 무릎을 꿇고 기도합니다.

어머니의 기도

— 맥추감사절에 드리는 기도

어머니는 교회를 다니신다
자랑스럽게 교회를 다니신다
성경책을 최고 보물로 여기며
가방에 넣고 교회를 가신다

어머니는 공부를 하신다
한줄 한줄 성경책에 노란 줄을
그으며 공부를 하신다
어린 시절 배우지 못한 한글을
한 자 한 자 읽으며
주님 공부를 하신다

어려서 앓은 중이염으로
설교 소리 들리지 않아도
혼자서 기도를 하신다
자식들 잘 되라고 기도하신다
목사님 목소리는 또렷하게 들린다며
주기도문을 암송하신다
더듬거리는 나보다 앞서

사도신경 물 흐르듯 암송하신다

어머니 세상 떠나시는 날
물 건너 나비도 날아오고
산 너머 솔개도 배웅을 오는데
평생 어머니 기도 인도하던
목자님 산상 기도를 하신다
귀 어두운 우리 어머니
천국에 잘 가라고 큰소리로 기도하신다
기도 소리는 산상에 울려 퍼지고
내 마음에는 십자가를 새긴다.

화혼花魂

— 게발선인장 꽃을 보며

입춘의 창가에
문득 꽃 한 송이 피고 있습니다
꽃이 핀다는 것은
마음속 원시의 바다에
깊은 파도가 밀려오는 것이겠지요
바람도 없는 시원의 계절
등대 불빛도 보이지 않고
희망의 노래도 들리지 않는
무언의 바닷가
당신과 나는 무엇을 찾아
헤매고 있는 것일까요
사모하는 임이여
사근사근 게의 발걸음으로 다가서는
입춘의 햇살 아래
목마른 꽃들이 피고 있어요
기나긴 겨울 바닷가 백사장
살근살근 푸른 발자국으로 다가와
기어코 청사의 붉은 꽃 피워 놓네요
문득 보고픈 그리운 임이여

목 타는 기나긴 그리움,
오늘은 바다가 되어
빛나는 가시꽃을 피우고 있습니다.

이웅다리

— 전설

옛날 옛적 전설을 찾아
ㄱ ㄴ 이웅다리 위 걸어갑니다
태고의 강물은 신화神話를 낳고
신화는 애달픈 전설이 되어
이웅다리가 되었습니다

애절하게 전월산을 오르던
며늘아기는 전설을 따라
착하게 착하게 살다가
전월산 오르막길 가
며느리바위가 되었답니다

그리운 이여 비단강 물
달빛에 젖어 흐느껴 우는 밤
전월산 용신龍神은 인간 세상 그리워
용샘 가 푸릇푸릇 버드나무 되었다가
비단강 달빛 환한 밤
용샘의 신화가 되었습니다
〉

목이 메는 그리운 달빛은
전월산 가슴에 살포시 젖어 들고
비단 물결 찰랑찰랑
이응다리 휘감아 돌고 있네요.

이응다리
— 당신의 바다

강물은 흘러 흘러 어디로 가나
인생은 흘러 흘러 어디로 가나

서편 하늘에는 오작교가 떠 있고
세종 하늘에는 이응다리 떠 있네

님아, 이 다리 돌고 돌아 돌아와 주오
몇 생을 더 돌아야 그대를 만날 수 있을까

사무치게 기다리는 마음은
전월산 오르막 전설 바위가 되었네

붉은 심장 강물처럼 흐르고 흘러
멀고도 먼 바다가 되었네

그리움도 구름처럼 흐르고 흘러
나, 다시 또 당신의 바다로 가겠네.

제4부
유월 장미

고향 감나무

고향 하늘 가득 감들이 익어가네
옛적 도연명 시인은 동쪽 울타리에서
국화를 땄다는데
나는 어린 시절 생각하며
옛 집터에서 붉은 감을 따고 있네

일제 치하 서러운 나날들
통한의 소용돌이 동란의 세월들
우리 집 모든 슬픔과 영광
다 지켜보던 감나무도
이제 고목 성자가 되었네

울창했던 가지 모두 다 사그라들고
울어머니 혈혈단신 자식 키우듯
늙은 가지에서 힘겹게
가을하늘 어여쁜 감들을 키워냈네

모든 것 떠나고 빈 하늘에 구름만 흐르고
시냇물 가을 햇살에 감들이 익어가네

유월의 붉은 장미

충혼의 아들이여 유월이 오면
젊은 머리칼 윤기 나게 흩날리는
장미꽃 당신을 생각합니다
전우여, 충혼의 동지여
기억하십니까 별빛 쏟아지던 계곡에서
풀벌레 울어대던 산야에서
허무의 해골 참호 속에서
당신은 총칼을 움켜쥐고 밤을 지새웠습니다
전우여 내 목숨을 노리는 적이여
무엇 때문에 고향의 어머니, 어여쁜 누이와
아름다운 음악을 들으며
조근조근 다정하게 이야기를 나누지 못하고
서로의 목숨을 노리는
우리는 해골의 무덤가에 와 있습니까
전쟁의 신 아래스도
고향하늘에서 목수가 된 지 오래건만
왜 인간은 서방 동방 아프리카 땅에서
지옥의 전쟁을 즐겨하고 있는가요
내 목을 겨누고 있는 적이여

우리는 고향 땅 언덕에서 만났으면
내 누이를 좋아하는 친구가 되었을 것을
지금은 별들이 쏟아지는 산야에서
굶주린 사자처럼 나는 그대 목숨을 노리고 있군요
유월의 장미꽃 전우여 이 땅에서 전쟁으로 죽어간
모든 슬픈 영혼을 생각합니다
임진란 진주성 싸움에서
강궁을 당기던 억센 손이여
병자호란 때 남한산성에서 성문을 지키던 파수꾼이여
동학 전쟁 우금티에서 죽창 들고 쓰러진
가엾은 늙은 농부여
청산리 전투에서 화승총 메고 나무등걸에
엎어진 허기진 동지여
육이오 전쟁터 백골산에 인식표만 남아있는
외로운 해골 친구여 전우여, 붉은 꽃 봉우리 전우여
마지막 이야기를 고향마을에 전해주기로
약속했던 친구여 그대 먼저 달려와
백골이 되었군요 허상의 이념 앞에 백골로 우는군요
파릇한 머리칼 장미꽃, 님이여

유월 어느 날 붉은 장미꽃 한 송이를
슬픈 눈물로 당신께 바칩니다.

광풍狂風

동지여, 미친바람 불어온다
술을 마시자
장맛비 쳐들어온다
술잔을 들어라

빌어먹을!
우리의 젊음을 살라먹은
먹구름 몰려온다
술잔을 높이 들어라

동산에 해뜨고
호랑이 장가드는 날
우리의 부딪친 술잔에도
감로주 꽃잎이 흘러가려니

바다의 심장을 헤집는
바람이여!
이 검은 어두움을 모두 다
날려 버려라.

오월 광주

인사동 갤러리 인덱스에서
뜻밖에 충격적인 광주 이야기를 듣네
주검의 세월이 흘러 43주년이라니
영원히 기억 속에 멈춰버린 그날이
43년 전이었다며
사진들이 펼쳐지네
애간장 파고드는 가여운 목소리
총성, 마구잡이 기관총, 울부짖는 목소리
주검들, 아무렇게나 널려진 주검들
떨리던 목소리를 이제 다시 듣는다
43년 전 주검의 밤에
시체 속에 살아남은
그 목소리 다시 듣는다
"이 청년은 다시 나타나지 않았어 죽은겨
북한 사람 아니래 몇 번 검증했지
그날 밤, 정말 무서웠어
여기 있던 사람들 다 죽었어"
매부리 같은 당신의 눈빛은 아직도 살아있구나
그대의 떨리는 심장에는

아직도 방아쇠가 장전되어 있구나
인사동 갤러리에서
43년 만에 듣는 생생한 증언을
격동하는 피의 현장을, 요동치는 심장의 떨림을
너에게 눈물로 말하네
광주여 광주여 안타까운 광주여
이제 눈물을 멈추자 피눈물을 닦자
이제 그만 눈물을 훔치자.

유월의 민주대로에서

유월의 검은 대로大路여
들끓는 바다여 부서지는 파도여
나는 너의 심장을 어루만지며 오열하느니
그대 누구를 위해 아직도 이 뜨거운 거리에
누워 있느냐 사랑하는 친구여
거리에서 붉은 피, 쏟아내던 나의 친구여
그대는 무엇을 위해
아름다운 영혼과 청춘을, 붉은 심장을
6월의 검은 포도 위에 바쳤느냐
아, 뜨거웠던 함성으로 파도치던
87년의 여름이 벌써 서른일곱 해나 지나가도
나의 심장은 그날처럼 파도치고
절망하는 팔뚝은
너를 안고 눈물 흘리고 있구나
광음의 흐름을 누가 끊어 막을 수 있으랴
세상은 거세게 파도치며 흘러가고
인류의 문명은 암흑 속에 드세게 소용돌이치며
어두운 그림자에 쌓여 있구나
아, 유월의 피 끓는 영혼이여

애타는 절규여 나는 너에게 고백하노라
그대 목숨으로 부르짖던 민주의 푸른 씨앗
나, 아직도 어여쁘게 가꾸지 못했음을
눈물로 고백하노라 그대,
터지는 심장으로 외치던 자유의 노래
피 끓는 영혼에도 나, 그저 눈을 감았노라
민주의 드높은 깃발이여
자주 평등의 따스한 햇살이여
오늘 인류와 함께 부끄러움으로
그대 앞에 엎드려 오열하느니
다시 이 땅에, 6월의 푸른 햇살이 돋아나는 광장에서
나는 그대의 심장을 움켜잡고
다시 소리 높여 외치노라
민주여 평등이여 자주여 평화여
너무도 애타는 통일의 외침이여!

골령골
— 세상에서 가장 긴 무덤

산내에 가면 세상에서 가장 긴 무덤이 있다
누구도 엄청난 진실이 두려워 말하지 못한 무덤
시인도 통곡하는 뼈의 진실 앞에
영혼이 떨려 한 줄의 시詩도쓰지 못했다
진실을 말하는 순간
너도 나도 골로 가니까
우리는 반쪽짜리 나라 신하가 되기 위해
그렇게 신神의 이름으로 원죄를 저질렀다
좌익이 무엇인지 우익이 뭔지도 모르고
그저 쌀을 준다고 하니
비료를 준다고 하니
보도연맹 회원이 되어 목숨을 잃었다
개돼지만도 못한 이유로, 국가라는
거룩한 이름으로 죽었다 끽소리 못하고 죽었다.

골령골
— 진실의 카메라

어찌 그렇게도 많은 비밀을
땅속에 묻어 버릴 수 있을까
기어코 돌의 역사는 진실의 두려운 코끝을
세상에 드러내고 말았다
하늘을 뒤덮은 사악한 용의 마력도
시간의 사슬에 묶이면
녹슬고 허물어지기 마련
어이없는 그들은 보도연맹의 그물로
그렇게 많은 영혼을 땅속에 묻었다
너는 영문도 모르는 채
두 눈 멀뚱멀뚱 뜬 채 죽어 갔고
그날 진실의 카메라 섬광은
총알보다 빠르게 번쩍였고
겁에 질린 너의 새파란 눈은
역사의 심장을 정조준해 관통했다
세상에서 가장 무서운 무덤에서
땅은 너를 기억하며 보듬어왔고
돌은 진실의 눈동자로 증언의 자리를 지켜왔다.

광화문 함성

찬란하구나
불빛에 비친 한민족 역사의 자화상
광화문의 얼이여
진실로 아름답구나
어떤 애인이 그리도 오랜 세월
애틋하고 지극한 사랑 받을 수 있으랴

눈 내리는 짧은 겨울 햇살은
서산마루에 걸려 있고
수십만 반짝이며 흐르는 응원봉의 물결을
심장에서 터져 나오는 함성을
광화문에서 보고 듣노라

삼각산 아래 600년 세월
말없이 지켜온 해태상 앞에서
노래를 부르고 춤을 추고 있구나
무엇을 위해 저이들은
이리도 살을 에이는 겨울 광장에서
사무치게 외치고 있는가

〉

민주여 자주여
깨어 행동하는 역사의 심장이여
다 함께 소리쳐 일어나라
광화문 용마루에 쩌렁쩌렁 파동치는
역사의 함성 들려온다
삼각산도 일어나 깃발 휘날리며
소리쳐 외치는구나

아, 깨어 있는 심장의 노래여
한반도 지축을 뒤흔드는 북소리 외침이여.

키세스 설야雪夜

폭설의 설야 한남동에서
눈물로 당신들을 바라봅니다
백설보다 더 고운
은박의 요정들, 당신들을 바라보면
그저 눈물이 납니다
은박의 머리 위로
하얀 눈은 내리고
키세스 여신들이여
하현달도 추워 이지러지는 섣달 야밤에
무엇이 당신들을 싸락눈 퍼붓는
여기 검은 아스팔트 위로 불러냈습니까
백설보다 하얀 키세스 용사들
당신들, 한남동 백설 위에서
하얀 에델바이스 꽃님들로 불타고 있습니다
용광로보다 뜨겁게
불타고 있습니다
백설 바다에 휘날리는
빛의 요정들이여
21세기 한반도를 넘어 역사의 강물 비추는

당신들, 한 줄기 빛의 등대입니다
세상의 모든 강물 그 빛을 따를 것입니다
싸리꽃보다 하얗게 눈꽃 바다에 피어난
당신들, 키세스 여신은
이 나라 불꽃 영혼입니다.

세월호

눈물이 바닷물처럼 쏟아진다
오로지 탄식과 갈매기만 바라보며
십 년 세월이 바람처럼 흘러갔다
너희들을 그렇게 차가운
바닷속에 버려두고 울고만 있다
너희 배가 종이배처럼 찢어지던 날
엄마 아빠 가슴도
물 먹은 종이처럼 산산이 찢어졌다
너희들 배가 왜 넘어갔는지
어떻게 부서졌는지 알고 싶어도
엄마 아빠는 흐려진 휴대폰 문자 속에서
10년 세월을 울고만 있다
우리의 달력은 아직도
2014년 4월 16일에 멈추어 있다
지구는 돌고 돌아도 우리는
언제나 그 바다 그 자리에 멈추어 있고……
그 바다에는 어떤 괴물이 숨어 있더냐
그물을 던져 검은 바다를 끌어내도
진실은 언제나 그물코를 빠져나가고

거짓 파도만 일렁이고 있다
팽목항 바람벽에 갇힌 십 년 세월에도
해맑은 미소가, 어여쁜 율동이
바람처럼 내달리는 너희들 모습이
눈물바다에 생생히 떠오른다.

개미고개 전사戰史

1950년 7월 8일
포탄 터지는 소리
고막을 찢는 총성
죽음의 능선 전장터
산이 무너지고 피아彼我의 숨소리
멈춘 지 70여 년 세월!

낯선 하늘 낯선 산천 아래
당신은 무엇을 위해서 이 땅에
청춘의 피와 살을 묻어야 했나
빛바랜 사진 속
당신은 알고 있을까

고적한 산야에 진달래 피고 지고
초록의 새순이 돋아나고
고갯마루에 새겨진
늠름한 기상 청춘의 이름들
아직도 가슴 저리게 생생하구나
〉

고갯마루는 기억하리라
청춘의 어깨 불타는 눈매
고향 땅 어머니가 부르던
당신의 아름다운 이름
이 땅과 하늘은 영원히 기억하리.

비상계엄

당신은 도리깨로 하늘을 타작하려 했다
당신은 삽으로 역사의 강물을 막으려 했다

저 들끓는 여의도의 함성을 들어 보라
저 심장을 불태우는 수백만 횃불을 보라

탄핵 열차는 이미 종착역을 향해 출발했다
그대 백팔번뇌의 강을 건너 소가죽이 되리라

그것이 대한민국 국민과 헌법의 명령이고
위대한 역사의 함성이다 새로운 꿈이다.

제5부
가을 편지

편지

가을이 오면 코스모스 피는 날
편지를 쓰겠노라 약속했지요

하늘에는 뭉게구름 피어나고
들판에는 코스모스 피네요

학동 들판에 코스모스 한바탕 피는데
당신의 가을 들판에는 무슨 꽃이 피나요

전월산 상려암에 보름달 떠오르고
둥근달 웃는 얼굴 비단강에 비치면

그대 향한 오랜 그리움은
코스모스 꽃잎으로 가슴 깊이 피겠지요.

코스모스 연정

당신의 아리따운 마음 보이지 마세요
나는 잠시 스쳐 가는 바람이라오

당신의 애절한 사연도 말하지 마오
나는 그저 무심히 흐르는 강물이라오

당신의 고운 미소 하나로 충분해요
새벽하늘 향기로운 물안개처럼.

감국甘菊

— 들국화 달빛에 물들고

가을 잡초 메마른 들판에
빛나는 미소로 꽃들이 피어나네요
황량한 벌판에서 설레는 미소로
웃음 짓는 당신은 누구신가요
봄부터 두견새 울어울어
달빛 동산에 진달래꽃 피고 지네요
가냘픈 잎새 연초록 미소마다
달빛 가득 물들어 있네요
천둥소리 시원한 소나무 바람 불어오고
가을 먼 산에 휘파람 소리 들려오네요
계절은 깊어 차가운 바람 펄럭이고
온 세상 흰 눈으로 덮이는 날
들려오는 종소리, 감국의 달빛 미소
은총의 밤하늘이 깊어가네요.

홍릉洪陵 가을 숲에서

산국이 노랗게 가을산 물들이는
만추晩秋의 계절
홍릉의 언덕에서
비극의 황후 생각에 가슴을 여미네
햇살은 모과나무에 매달려
주렁주렁 노랗게 익어가고
가을 낙엽 하나
바르르 한恨 서린
하늘 모퉁이에서 몸서리치네
애절한 가을밤 목멱산 봉화는
저 혼자 혼절하여
검붉은 눈물로 타올랐으리
을씨년스러운 세월 서러운 하늘은 가고
산비둘기만 조상하며
찬 바람 부는 낙엽 위에서 울고 있다네.

백련암白蓮菴을 찾아서

낙엽 지는 가을에는 태화산 그늘
백범 자취 찾아 마곡으로 가자

하얀 연꽃으로 피어 신화*처럼 살고 싶어
아련히 고갯길 넘어 백련암 찾아가네

산사를 휘돌아 흐르는 맑은 물결
가마를 내려놓자 탐심貪心 맑아지네

바위에 새겨진 해탈의 미소
가을바람 소소히 낙엽 날리네

낙엽 흩날리자 가을 내음은 짙어가고
산사의 음악 몽환 속으로 감미롭게 여울지네

풍경소리 먼바다로 굽이치자 목어木魚가 울고
태화산 가을 하늘가에 백련꽃 피어나네.

* 이 시에서 '신화'는 김시습의 소설 『금오신화』를 말한다.

고왕암古王菴에서

가을바람 깊어가는
천지만홍天地滿紅의 계절
신원사 고왕암에서
백제의 슬픈 역사, 반추反芻해 보네
깊은 바위산자락
숨겨진 고왕암 뜨락
비운의 백제 이야기 펼쳐져 있네
고왕암 흘러내리는 청경淸鏡의 물결
비운의 왕자 돕지 못해
아직도 바윗자락 때리고 있네
천년을 하루같이 피눈물로 흩날리네
시냇가 산죽山竹도
슬픔으로 파랗게 떨고 있거늘,
산사 찾은 조객弔客들 신발이 다 헤졌네
아서라 슬퍼 마오 사람들아
긴 다리의 폭포수는 거세게 가을산을 울리고
천지간의 법고法鼓 소리
백제사직社稷 파동치네
바위에 새겨진 부처님 미소

평강平康의 햇살은 내리고

보광普光의 세상, 새롭게 펼쳐지네.

미륵사彌勒寺에서

미륵님 어드메 오시려나
산이 높아 못 오시나
강이 깊어 안 오시나
할머니가 기다리고 그 할머니에 할머니
서동할머니 기다리던 미륵불님 아니오시고
무너진 석탑만 홀로 남아 기다리고 있다네
호수에 담긴 미륵산, 가을은 깊어
미륵산 넘어 떨어지는 상념의 달밤
비단길 낙타 타고 성자도 아득히 멀어진다
미륵님 아니오거든
간절한 염원 젊어지고
꿈길에라도 걸어서 걸어서 찾아 가보세
갈대 숲속에는 바람만 불어오는데.

고암 이응노 화백

빛이 떠오르네
내포의 실핏줄
아우르며 용봉산에
무지개 펼쳐지네

고암 화백 깊은 우물 속에는
하늘의 새들도 춤을 추네
사슴도 길가에서 갸웃 웃고
성난 장닭도 신명을 내네

빛이 떠오르네
빛이 펼쳐지네
동방의 찬란한
오색빛 펼쳐지네

툇마루에 앉아 바라보는
용봉산 너른 들녘에는
밀레의 저녁 종소리
거기 고암의 안광
은은하게 번져오네.

공주 장날

가을비 내리는 오후
장터를 배회합니다
옛날 장터의 어머니 생각에
이 골목 저 골목
시장길을 걸어봅니다
시장 골목 저편에서
어머니 목소리 들려와 바라보니
낯익은 호박 파는 아주머니 앉아 있네요
시장 좌판 정겨운 아주머니
따스한 목소리 너무 좋아서
내 발길 떠나지 못하게 합니다
마늘이며 월아감 팔던
울 어머니 어디 가셨나요
오늘 밤 야행 길에 밤마실 오시면
기나긴 옛이야기
다시 한번 들을 수 있을까요
한가위 대목장 터
사과 배 낯익은 얼굴들
고단한 삶 벗어놓고 정겹게 인사하네요

가랑비 내리는 장터에서
문득문득 옛 추억이
멍한 발길 멈추게 하네요.

나비

팔랑팔랑 날고 있는
노랑나비를 보았나요
산 넘고 바다 건너
엄마 찾는 노랑나비

잔설 남은 계곡에는
찬 바람 부는데요
떠나시는 울 어머니
허한 마음 달래려고
저기 저 노랑나비
젖은 발로 달려왔군요

울 어머니 급한 마음
먼저 가신 임을 찾아
팔랑팔랑 떠나네요
소나무들 허리 굽혀
소리 내어 우는데요

사방팔방 노랑나비

어디에서 날아 왔나
울 어머니 나비 가슴
무덤가에 남겨두고
팔랑팔랑 떠나네요
피안 찾아가시나요.

기도

계절의 끝자락에서 방황하는 날
간절하게 기도하게 하소서
돌같이 단단한 마음 벽에
해맑은 봄바람이 불어
따스한 봄날의 입김이 되게 하소서
다시 또 기도하게 하소서
태양 같은 분노가
들끓어 오르는 날
원시의 고독한 숲으로 가게 하소서
캄캄한 공포의 숲에서
서로의 등불이 되어
온기를 나누는 기도 되게 하소서
가을에는 기도하는 단풍잎으로
가슴 고요히 물들게 하소서
조그만 성취에도
마음이 오만해지는 날에는
가을 창공을 바라보게 하소서
기도의 목소리가
가슴 깊이 물들어

노란 국화꽃으로 피어나게 하소서
성자여 차가운 바람 불고
대지에 하얀 눈 내리는 날
다시 뜨겁게 기도하게 하소서
티끌 같은 삶을 깨닫게 하시고
사랑의 눈물이 메마른 들판을 적셔
강물이 되고 바닷물이 되게 하소서.

여운

너무 자책하지 말아요
더 이상은 어쩔 수 없어요

너무 안타까워하지 말아요
강물은 또 흘러가요

너무 섭섭해하지 마세요
헤어질 때가 되었어요

너무 상심하지 마세요
저 지는 꽃, 다시 피겠지요.

제6부
부활

삼월의 날개

삼월은 창공에 푸른 날개를 펼치며
종소리 깊게 울리는 환희의 계절

우렁찬 파도 휘몰아쳐 달려오고
백마의 갈기 희망봉 바람에 힘차다

오욕의 얼룩진 목소리 땅에 묻히고
일곱째 날의 햇살 눈이 부시다

삼월엔 동방의 별빛 반짝이며 빛나고
오대양 푸른 깃발 새롭게 펼쳐진다.

새해의 소망

새해에는
욕심과 풍요의 껍질을 벗고
모두가 마음밭을 일구는
농부가 되었으면 좋겠습니다
그 마음밭에는
순수의 보리밭이 푸르고
종달새 노래하는 비가 갠
봄 하늘이라면 더 좋겠습니다

새해에는
정의와 순수의 푸른 하늘을
보았으면 좋겠습니다.
욕심 없는 사람들의
행복한 미소가 햇살처럼 번져나가고
천진스러운 웃음이 가득한
하늘이라면 더 좋겠습니다

새해에는
천천히 가는 하늘이면 좋겠습니다

성공을 위해
열심히 뛰어가지 않고
천천히 걸어가는
하늘이면 좋겠습니다.

무명 저고리

— 광복 80주년 기념시

어머니 맨발로 얼음 강 건너지 마오
조국 산천의 피눈물 흘리는 시냇물
강물로 흘러가고 있어요
어둠은 밤을 잉태하고
악의 자식들은 카인을 낳고
이윽고 밀정의 씨앗을 키웠어요
무더위 삼베옷 입고 맞은 광복을
도적들이 어찌 알았겠어요
빅뱅으로 무너진 비밀의 동굴 속
푸른 독사의 혀가 번득이는군요

떠나간 산천, 흩어진 민들레 홀씨
무궁화 강산에 눈물로 돌아왔네요
빛의 혁명에도 우굴거리던
저 사악한 푸른 이빨들
이제는 밑둥마저 잘리었군요
무명 저고리들의 진실한 외침에
악의 씨앗들 회개하고 태극기 휘날리며
동명의 밝은 빛, 대양 위에 펼쳐지네요.

베트남 맛선 호숫가에서

황해에서 기수를 남방으로 돌려
베트남으로 가자
별빛 불타는 베트남으로 가자
남방의 밤은 불나방처럼 불타고
사이공의 상처는
영광의 침묵으로 남아 있다
다시 또 베트남으로 가자
아이들 춤추는 그곳으로 가자
영혼의 상처가 별빛에 묻혀 있는 곳
전쟁의 상흔은
용사의 응어리진 눈물에 녹아
야자수 잎사귀 빗물로 씻겨져 간다
찔링의 불야성 호숫가에는
싱싱한 영혼들
초록의 별빛으로 익어가고 있다
호숫가에 선 비너스 여신아
새콤한 미소에 별빛 가득 담겨 있구나.

하롱베이 꼬마 요정아

꼬마 요정아 어린아이야
너는 어느 별에서 살다가
이 푸른 별에 놀러 왔느냐
이 별보다 더 아름답게 빛나는 별을
너는 알고 있느냐
하롱베이 바다는 잔잔하게 노래하고
선경의 바다 호숫가에서
어린아이야 꼬마 요정아
너는 모래성을 쌓는구나
야야 조심하여라
바다에는 무서운 괴물이 살고 있단다
착한 아이를 데려가는
괴물이 살고 있단다
잔잔한 바다에 돌풍이 일고
괴물이 나타나면 꼬마 아이야
여기 이곳 모래성으로 피하려무나
귀여운 꼬마 요정아 어린아이야
이제 바다는 빛나고
너도 하롱하롱 춤을 추는구나

엄마 아빠 별나라에 전하여다오
모두 다 신짜오 안녕!

칠연의총 헌시獻詩

정미 하늘의 구름은 무거웠다
오백여 년 조선 하늘에
창연히 나부끼던 군검의 깃발 꺾이던 날
산천의 분노가
덕유산 날망을 덮었다
비통한 검붉은 가슴 분연히 떨쳐
향로봉을 울리고
임진년 의군의 기세
다시 칠연폭포 위로 쏟아져내렸다
용암처럼 들끓던 당신의 분노
순간 당신의 하늘을 가득 덮었다
소나무 기상만큼 푸르고
폭포수처럼 맑았던 조선왕조
마지막 자존의 사직 앞에서
창검의 기상, 덕유산 날망처럼 높고 푸르렀다
휘몰아치는 거센 폭풍의 역사에
최후까지 맞서 싸운
의로운 정미의병의 영령이여
오늘 우리 덕유산 아래에서

민주의 이름으로 잔을 올려 배알하며
당신들 충절의 의로운 기상
다시 또 드높게 펼친다
민주의 드넓은 정신으로 이어가리라.

무심천 육거리에서

육거리 꽃다리 사랑을 아시나요
세상살이 모든 것 다 모여드는 그곳은
가난과 눈물과 육자백이 사랑 꽃피던
애간장 추억 서려 있지요

옛날 옛적 장맛비에 무심천
무심하게 흘러가는 그곳에
사람들 발길 하나 둘 모여 들어
生과 死의 한 갈래 길이 생겨나고

우리 할배 탁주 한 사발 홍타령에
또 한 갈래 삼거리 길이 나고
꽃피고 갈대 잎에 애타는 사랑 속삭이며
사거리 미로가 생겨났지요

탁발 스님 정성 불심 목탁 소리에
또 한 갈래 오거리 길 펼쳐지고
금의환향 원님 말 타고 나팔 불며
왁자지껄 육거리 되었지요

〉

장맛비 소나무 아래 탁발하는 노스님아
대목장은 아직도 멀었는데
불심은 모두 나눠주고
옛 추억 가득한 육거리에서
탁주나 한잔하고 감이 어떠하오.

덕유산德裕山

운무에 휩싸인 덕유산 향적봉에 올라
격조 높은 인생의 도道를 논하네

세상의 넓은 도道는 산처럼 무겁고
길은 하늘로 멀어져 세속의 인간사
전생의 이야기인 듯 가물거리네

향적봉 코끝을 스치는 상고대 잔목의
가슴 아린 이야기들 숨결에 스며들고
민어의 바닷물결에 꽃향기 출렁이네

풍류도인 기나긴 청풍의 인생 이야기
진보라 싸리꽃보다 심오한 향기 더하고
먼 산의 봉우리들 귀 기울여 다가오네

백 년 주목 하얀 속살은 노승의 살결처럼
고결하게 빛나고 속세의 무쇠 같은 고뇌는
초록의 산바람 운무雲霧에 사라져 가네.

성안길을 걸으며

거미줄처럼 이어진 미로에서
과거를 찾아 헤매고 있던 나,
성안길 당간지주를 바라보며
잃어버린 도시 아틀란티스를 생각한다
숨 가쁜 5월의 미로,
코끝을 스치며 지나가는
미풍의 안갯속
기억의 터널을 지나
천년 고목의 내음 가물거린다
기억의 미로를 거닐며
거대한 역사의 증인
압각수鴨脚樹 할배와 꿈속 이야기를 나눈다
고대의 미로에서 빠져나온
오후의 성안 거리는
생동하는 젊음의 향기가 넘실거리고
화려한 의상의 연인들,
흩날리는 활기찬 머리칼에
내 영혼은 다시 현실의 시계 속을
째깍거리며 걸어가고 있다.

홍범도

임금도 백성도 허수아비처럼
헐벗은 나라에서 풀잎으로 태어났다
가난해서 가난을 껴안고 풀비처럼
가난한 사람들을 위해 살았다
배우지 못해 양반 상놈 평등한
산으로 들어가 산포수가 되었다
노루처럼 달리고 호랑이처럼 포효하며
눈보라 치는 만주벌판을 누볐다
나라 잃은 백성들이 가엾어
모든 것 내려놓고 백두대간 오르내리며
봉오동에서 청산리에서 싸웠다
총 한 자루로 대포를 부수며
한순간 원수의 간담을 태워버리며
한민족 깃발 휘날리던 광야의 초인아
오늘 조국은 당신을 위해
창공에서, 바다에서 부동의 예를 갖춘다.

찔레꽃

찔레꽃 찾아가자 하얀 찔레꽃
농무를 춤추며 그리움 찾아가자

그리운 사람 가신 초록 산길에
찔레꽃 눈처럼 하얗게 피어 있네

소근소근 수군수군
사과꽃 복숭아꽃 피고 지는 정겨운 고향

그리운 찔레꽃 향기
가슴 가득 차오르고

찔레꽃 무덤가에는 반가운 얼굴들
이 생각 저 생각 마음 자꾸 깊어지네

낙타 타고 오신 발길
낙타 타고 가신다니

멀어지는 발길에도 하얀 찔레꽃
눈물로 적시며 향기가 깊어가네.

부활

허공의 꽃들은 소리 없이
타오르는 바람의 외침

별빛에 젖은 눈동자여
길 잃은 영혼의 부활을 위해
춤을 추어라 노아의 바다여

은빛 넘실대며 출렁이는
영혼을 노래하거라
불을 뿜는 폼페이의 화산아

멈추어라 아름답게 다시 춤을 추어라
슬픈 바다의 여신도 하프를 들고
오르비스*를 노래하고 있구나

나도 시원의 바다처럼 일어나
원시의 춤을 추고 싶구나.

* 오르비스: 하늘의 궤도, 우주

해설

삶의 진실과 역사의 울림
— 황우진 시집 『별밭 서정』

이은봉
(시인, 문학평론가, 광주대 명예교수, 전 대전문학관 관장)

1. 맑고 투명한 서정

황우진의 시집 『별밭 서정』은 한국 서정시의 맑고 투명한 전통 위에 서 있다. 그러면서도 이 시집에 실려 있는 그의 시는 격변의 우리 시대의 현실과 함께하는 역사의식을 넉넉하게 담아내고 있다. 시집의 제목이 보여주듯이 그의 시는 일상이라는 지상의 서정을 바탕으로 하면서도 항상 하늘의 별밭을 우러르는 마음을 잃지 않고 있다. 개인이 느끼는 서정에 머물지 않고 더 높은 세계, 더 나은 세계를 지향하는 여정의 고난과 수난을 끌어안는 것이 그의 시세계이다.

이때의 고난과 수난이 대한민국 공동체에까지 이르러 있음은 불문가지이다. 이는 그의 시적 화두가 개인의 서정을 넘어 국가의 고난과 수난을 구원하려는 의지에까지 이르러 있음을 명확하게 보여준다. 모두 6부에 걸쳐 펼쳐지는 이 시집의 시들은 계절의 흐름, 고향의 정경, 시대의 격랑, 인간 존재의 근원적 물음 등을 씨실과 날실로 엮어 깊고 넓은 울림을 보여준다. 이처럼 깊고 넓은 울림을 보여주고 있다고 하더라도 기본적으로 그의 시세계는 한국 서정시의 맑고 투명한 전통을 잊지 않고 있다. 우선은 이를 증명할 수 있는 그의 시부터 살펴보자.

숨이 막힌다 숨이
미풍의 햇살에
가만히 열리는 하늘의 속살

순정의 하늘이 다하고
삼라만상 숨죽인 가슴에
연초록 눈물이 흐른다

거친 풍랑 가지에 잠재우고
연분홍 심장
자꾸만 떨리는 봄날에.

—「매화꽃 봄날」 전문

이 시에서 시인은 먼저 “미풍의 햇살에/가만히 열리는 하늘의 속살”을 들여다본다. 이때의 감흥을 그는 “숨이 막힌다 숨이”라고 말한다. 이어지는 구절에 따르면 그는 새봄을 맞아 매화꽃이 피고 싹이 트는 것을 “삼라만상 숨 죽인 가슴에/연초록 눈물이 흐른다”고 명명한다. 그가 보기에는 매화꽃이 피는 지금이 “거친 풍랑 가지에 잠재우고/연분홍 심장/자꾸만 떨리는 봄날”인 것이다. 새봄의 계절과 함께하는 자연의 질서에서 “순정의 하늘”의 뜻을 읽는 그의 마음이 미쁘다.

“순정의 하늘”은 때로 이번 시집의 그의 시에서 “눈부신 향기로/인사하는 그대”의 모습을 취하기도 한다. 물론 이때의 “눈부신 향기로/인사하는 그대”는 5월의 이팝꽃을 가리킨다.

출근길 눈부신 향기로
인사하는 그대는 누구신가요

겨우내 쌓아놓은 켜켜 묵은
고운 정이 하얀 눈꽃으로 피네요

함박눈처럼 고운 이 드러내고
수줍게 웃음 짓는 그대의 모습

별처럼 분주한 도시의 근심
모두 다 사라지네요.

—「5월의 이팝꽃」 전문

시인은 이 시의 서두에서 "출근길 눈부신 향기로/인사하는 그대는 누구신가요"라고 묻는다. 그러한 뒤 이어지는 구절에서는 이때의 그대를 두고 "겨우내 쌓아놓은 켜켜 묵은/고운 정이 하얀 눈꽃으로 피네요"라고 노래한다. 다음 구절에서 "순정의 하늘"이기도 한 '5월 이팝꽃'은 "함박눈처럼 고운 이 드러내고/수줍게 웃음 짓는 그대"의 모습을 취하기도 한다.

따라서 '5월의 이팝꽃'이 "분주한 도시의 근심/모두 다 사라지"게 하리라는 것은 당연하다. 그의 생각에 따르면 "분주한 도시의 근심"을 씻어주는 것이 "순정의 하늘"이라고도 불리는 자연의 질서인 것이다. 자연의 질서를 바라보는 이러한 태도는 그의 시 "꼭두새벽 이른 아침/푸른 가슴 노란 눈망울"을 뜨며 "새벽보다 일찍 잠 깨어난"(「산수화 꽃피는 새벽」) 산수유꽃을 두고 "네 이름은 누구냐"라고 묻는 구절에 의해서도 확인된다.

자연의 질서를 이렇게 읽는 것은 고추장에서 "빛깔 좋은 태양의 에너지"를 읽는 자세, "밤하늘에 별빛 연서를 쓰던 소년의/애타는 달빛 가슴"(「고추장」)을 읽는 자세를 통해서도 잘 알 수 있다. 자연을 바라보는 이러한 그의 태도는 전통을 바라보는 그의 태도와도 무관하지 않아 보인다. 이때의 전통이 오랫동안 계속해온 마을공동체의 인습과 무관하지 않다는 것은 덧붙여 설명할 필요가 없다. "우리 집 장독대에는/가장 큰 항아리 단지 하나 있지요/숨기 장난하던 시절 작은 몸/가장 잘 숨겨주던 대장 항아리"(「어머니 간장」)라고 노래하는 시도 전통을 재발견하려는 그의 의지를 읽을 수 있는 예라고 할 것이다.

다음은 맑고 투명한 서정과 동시에 서정시의 전통적 가치를 이어 가려는 그의 의지를 읽을 수 있는 대표적인 작품이다. 이 시는 한국현대시의 전통적 소재를 그 나름의 심미적 안목으로 새롭게 형상화하고 있는 예이기도 하다.

찔레꽃 찾아가자 하얀 찔레꽃
농무를 춤추며 그리움 찾아가자

그리운 사람 가신 초록 산길에
찔레꽃 눈처럼 하얗게 피어 있네

소근소근 수군수군
사과꽃 복숭아꽃 피고 지는 정겨운 고향

그리운 찔레꽃 향기
가슴 가득 차오르고

찔레꽃 무덤가에는 반가운 얼굴들
이 생각 저 생각 마음 자꾸 깊어지네

낙타 타고 오신 발길
낙타 타고 가신다니

멀어지는 발길에도 하얀 찔레꽃
눈물로 적시며 향기가 깊어가네.

—「찔레꽃」 전문

이 시의 중심 대상은 '찔레꽃'이다. '찔레꽃'은 한국현대시의 가장 오래된 소재, 곧 가장 전통적인 소재이다. '어머니'가 그렇듯이 '찔레꽃'도 거개(擧皆)의 시인이 한 번쯤은 시로 노래한 적이 있는 대상이다. 일단 시인은 "찔레꽃 찾아가자 하얀 찔레꽃/농무를 춤추며 그리움 찾아가자"고 노래한다. 그렇다면 찔레꽃은 어디에 피어 있나. 이 시에서 그는 "그리운 사람 가신 초록 산길에/찔레꽃 눈처럼 하얗게" 핀다고 노래한다. 다음의 구절로 미루어 보면 "찔레꽃 눈처럼 하얗게 피어" 있는 곳은 "사과꽃 복숭아꽃 피고 지는 정겨운 고향"이기도 하고 고향의 "무덤가"이기도 하다. 물론 그곳은 "반가운 얼굴들"로 가득한 곳이기도 하거니와, 한편으로는 "멀어지는 발길"과 함께하는 곳이기도 하다.

이들 논의에서처럼 이번 시집에서 그는 맑고 투명한 서정을 노래하면서도 전통을 재발견하려는 태도를 잃지 않는다. 그러나 그의 시가 단지 그러한 세계를 노래하는 데서 멈춰 있는 것은 아니다. 격변의 시대에서 느끼는 간곡한 충정뿐만이 아니라 위기에 처한 국가 공동체의 제반 사연에 대해서도 그 나름의 서정적 감흥을 담아내고 있는 것이 그의 시이기 때문이다. 이러한 그의 시가 굳건한 역사의식을 바탕으로 하고 있으리라는 것은 자명하다.

2. 격변의 시대 혹은 굳건한 역사의식

앞에서 말한 것처럼 시인 황우진의 이번 시집은 일상의 서정적 감흥을 잃지 않으면서도 격변의 자기 시대를 바라보는 굳건한 역사의식을 바탕으로 하고 있다. 이 또한 그의 시가 더욱 주목되지 않을 수 없는 까닭이라고 할 수 있다. 강조하거니와, 단순한 개인의 서정뿐만이 아니라 자기 시대를 살아가며 느끼는 간곡한 충정을 포함해

위기에 처한 국가 공동체의 제반 문제에 대해서도 그 나름의 진실한 감흥을 담아내고 있는 것이 이번 시집의 그의 시이다. 그렇다. 대한민국이라는 국가 공동체의 집단적 기억과 아픔을 끌어안으면서도 상처 난 존재의 치유를 다각적으로 모색하고 있는 것이 이번 시집에 실린 그의 시의 중요한 축이다. 바로 그러한 점에서 그의 시의 화자는 때로 '시대의 증언자'로 기능하기도 한다. 국민주권의 시각에서 이 나라 이 민족의 혼이 이룩해온 한국 현대사를 서정적으로 압축하고 있는 다음의 시가 특히 이를 잘 징험한다.

3·1 만세 운동 때 나부끼던
태극기 꽃잎, 가슴 깊이
새롭게 피어나고
무명 저고리에 튀던 4·19 혁명 때의 피
지금도 백설 가슴 얼룩져 있나니
아, 밀물처럼 밀려와
그대 치맛자락 앞에 쓰러지던
민족의 혼이여!
가엾어라 슬픈 가슴, 가슴 애달픈 노래여
늠름하여라 만년 빙하보다 굳세던 지조의 향기,
창대하게 펼쳐지던 민족의 기상,
팔월의 뜨거운 태양 아래

억조창생의 가슴, 가슴마다
조각조각 새겨지던 저 무궁화 꽃잎
한 잎 한 잎, 삼천리 강토를 적시며
다시 또 피어나고 있구나.

—「무궁화—민족의 혼」 전문

이 시의 중심 소재는 제목 그대로 '무궁화'이다. 하지만 이 시는 부제로 드러나 있는 것처럼 무궁화로 표상되는 '민족의 혼'을 노래하는 데 초점이 있다. 무궁화라는 이미지를 매개로 하여 면면하고 유구한 민족의 혼을 형상화하려는 것이 시인의 기본 의도라는 것이다. 무궁화를 두고 그가 "3·1 만세 운동 때 나부끼던/태극기 꽃잎, 가슴 깊이/새롭게 피어나고" 운운하는 것도 다름 아닌 그러한 발상의 결과라고 할 수 있다.

"3·1 만세 운동"의 정신이 "4·19 혁명"의 정신으로 이어진다는 것은 국민 주권의 역사관에서는 항상 해오던 말이다. 물론 시인 황우진의 역사의식도 그와 크게 다르지 않다. 이 시의 다음 구절인 "무명 저고리에 튀던 4·19 혁명 때의 피/지금도 백설 가슴 얼룩져 있나니"와 같은 구절이 특히 이를 잘 말해준다. 하지만 이때까지는 그의 이 시처럼 "밀물처럼 밀려와/그대 치맛자락 앞에 쓰러지던" 것이 "민족의 혼"이다.

이처럼 좌절하고 패배하던 이 나라의 현실에 대해 "가

엾어라 슬픈 가슴, 가슴 애달픈 노래여"라고 통탄해오던 것이 그이다. 그렇지만 그는 다른 한편으로는 "늠름하여라 만년 빙하보다 굳세던 지조의 향기"라고 하며 독자들에게 용기를 불어넣는다. 그가 생각하기에는 얼핏 좌절하고 패배하는 것처럼 보이더라도 실제로는 "창대하게 펼쳐"져온 것이 "민족의 기상"이다. "팔월의 뜨거운 태양 아래/억조창생의 가슴, 가슴마다/조각조각 새겨"져온 것이 "저 무궁화 꽃잎"인 것이다.

한국 현대사의 역사적 사건에 대한 시인 황우진의 서정적 관심은 물론 여기에서 그치지 않는다. 이른바 '광주민주화운동'에 대해서도 그가 자신의 시에서 적극적인 관심을 드러내고 있기 때문이다. 1980년 5월 광주에서 있었던 이른바 '광주민주화운동' 말이다.

충청남도 공주 출신인 그로서는 광주 출신의 다른 많은 시인처럼 '광주민주화운동'을 직접 경험했을리 만무하다. 그러니만큼 그에게는 '광주민주화운동'에 대한 서정적 탐구가 간접적인 경험을 통해 받아들여졌을 수밖에 없다. 이때의 간접적인 경험은 1980년 광주 밖에서 살던 사람들에게는 아무래도 보편적인 경험으로 자리할 수밖에 없다. 그의 마음이 보여주는 이러한 특징은 다음의 시를 통해 여실하게 확인된다.

인사동 갤러리 인덱스에서

뜻밖에 충격적인 광주 이야기를 듣네
주검의 세월이 흘러 43주년이라니
영원히 기억 속에 멈춰버린 그날이
43년 전이었다며
사진들이 펼쳐지네
애간장 파고드는 가여운 목소리
총성, 마구잡이 기관총, 울부짖는 목소리
주검들, 아무렇게나 널려진 주검들
떨리던 목소리를 이제 다시 듣는다
43년 전 주검의 밤에
시체 속에 살아남은
그 목소리 다시 듣는다
"이 청년은 다시 나타나지 않았어 죽은겨
북한 사람 아니래 몇 번 검증했지
그날 밤, 정말 무서웠어
여기 있던 사람들 다 죽었어"
매부리 같은 당신의 눈빛은 아직도 살아있구나
그대의 떨리는 심장에는
아직도 방아쇠가 장전되어 있구나
인사동 갤러리에서
43년 만에 듣는 생생한 증언을
격동하는 피의 현장을, 요동치는 심장의 떨림을
너에게 눈물로 말하네

광주여 광주여 안타까운 광주여
이제 눈물을 멈추자 피눈물을 닦자
이제 그만 눈물을 훔치자.

—「오월 광주」 전문

이 시에서 시인은 "인사동 갤러리 인덱스에서/뜻밖에 충격적인 광주 이야기를 듣"는다. "주검의 세월이 흘러" 광주민주화운동 "43주년이"되던 날에 말이다. 그는 이날 '광주민주화운동' 사진전을 관람한 듯하다. 이 시에서 그는 "영원히 기억 속에 멈춰버린 그날이/43년 전이었다"고 노래한다. 그는 지금 "애간장 파고드는 가여운 목소리/총성, 마구잡이 기관총, 울부짖는 목소리/주검들, 아무렇게나 널려진 주검들/떨리던 목소리를 이제 다시 듣"고 있는 것이다.

마침내 그는 "인사동 갤러리에서/43년 만에 듣는 생생한 증언을/격동하는 피의 현장을, 요동치는 심장의 떨림을" "눈물로 말하"는 소리를 듣는다고 노래한다. "43년 전 주검의 밤에/시체 속에 살아남은/그 목소리 다시 듣"는 것이 이 시에서의 그이다. 이러한 그가 이 시를 마무리하며 "광주여 광주여 안타까운 광주여/이제 눈물을 멈추자 피눈물을 닦자/이제 그만 눈물을 훔치자"라고 노래하는 것은 말할 것도 없이 국민 주권의 역사적 희망을 잃지 않고 있기 때문이다.

1980년 5월의 '광주민주화운동'의 정신이 1987년 '6월 민주항쟁'의 정신으로 이어진다는 것은 따로 강조할 필요가 없을 정도이다. 주권재민의 역사에서는 1894년 '동학혁명'의 정신이 1919년 '3·1 만세 운동'의 정신으로, '3·1만세 운동'의 정신(「삼월의 날개」)이 1960년 '4·19 혁명'의 정신으로, '4·19 혁명'의 정신이 1980년 '광주민주화운동'의 정신으로, '광주민주화운동'의 정신이 1987년 '6월 민주항쟁'의 정신으로 이어진다는 것은 덧붙여 설명할 필요가 없다. 그래서일까. 시인은 1894년 '동학혁명'에서부터 1919년 '3·1 만세 운동', 1945년 8·15 광복(「무명 저고리—광복 80주년 기념시」), 1987년 '6월 민주항쟁', 2016년의 촛불 혁명(박근혜 대통령 탄핵), 2025년의 빛의 혁명(윤석열 대통령 탄핵)을 시로 노래하는 일에 이르기까지도 매우 부지런하다.

우선은 그가 1987년 '6월 민주항쟁'과 관련하여 "유월의 검은 대로大路여/들끓는 바다여 부서지는 파도여/나는 너의 심장을 어루만지며 오열하느니/그대 누구를 위해 아직도 이 뜨거운 거리에/누워 있느냐 사랑하는 친구여"라고 노래하고 있다는 것을 기억할 필요가 있다. "거리에서 붉은 피, 쏟아내던 나의 친구여/그대는 무엇을 위해/아름다운 영혼과 청춘을, 붉은 심장을/6월의 검은 포도 위에 바쳤느냐/아, 뜨거웠던 함성으로 파도치던/87년의 여름이 벌써 서른일곱 해나 지나가도/나의 심장은 그날처럼 파도치"(「유월의 민주대로에서」)는구나 라고 노래하는 것이 그라는 것이다.

한국 현대사의 각종 현장에 대한 그의 서정적 관심은 물론 여기에서 그치지 않는다. 이번 시집에서는 박근혜 대통령과 윤석열 대통령의 탄핵이 이루어지기까지의 역사적 사건도 그의 시의 중요한 소재가 되고 있다는 것을 기억해야 한다. 대한민국 현대사의 가장 중요한 현장이었던 '광화문'을 서정적 대상으로 하는 것이야말로 그의 시가 지닌 그러한 예라고 할 수 있다. 이 시에서 그는 우선 광화문과 관련해 장엄한 목소리로 "찬란하구나/불빛에 비친 한민족 역사의 자화상/광화문의 얼이여/진실로 아름답구나/어떤 애인이 그리도 오랜 세월/애틋하고 지극한 사랑 받을 수 있으랴"라고 노래한다. 이는 무엇보다 그가 "눈 내리는 짧은 겨울 햇살은/서산마루에 걸려 있"는데, "수십만 반짝이며 흐르는 응원봉의 물결을/심장에서 터져 나오는 함성을/광화문에서 보고 듣"(「광화문 함성」)고 있었기 때문이다.

역사를 국민 주권의 시각으로 바라보면 지난 시기에 있었던 크고 작은 각종 사건이 새롭게 이해될 수밖에 없다. 주권재민의 시각으로 바라보면 이념이나 정파와 관계없이 역사가 새롭게 해석될 수도 있다는 것이다. '세상에서 가장 긴 무덤'으로 유명한 골령골의 학살을 따듯한 연민의 눈으로 바라보고 있는 2편의 시도 그러한 맥락에서 읽을 수 있는 예이다. '진실의 카메라'라는 부제가 달린 「골령골」이라는 제목의 시에서 "하늘을 뒤덮은 사악한 용의 마력도/시간의 사슬에 묶이면/녹슬고 허물어지기 마련/어이없는 그들은 보도연맹의 그물로/그렇게 많은 영혼을 땅속에 묻었다"라고 노래할 수 있는 것도 한국 현대사와 관련해 그가 국민 주권의 시각을 잃지 않고 있기 때문이다. '세상에서 가장 긴 무덤'이라는 부제가 달린 또 다른 시 「골령골」은 그곳에서의 학살이 좀 더 섬세하게 진술되고 있어 더욱 관심을 끈다.

산내에 가면 세상에서 가장 긴 무덤이 있다
누구도 엄청난 진실이 두려워 말하지 못한 무덤
시인도 통곡하는 뼈의 진실 앞에
영혼이 떨려 한 줄의 시詩도 쓰지 못했다
진실을 말하는 순간
너도 나도 골로 가니까
우리는 반쪽짜리 나라 신하가 되기 위해
그렇게 신神의 이름으로 원죄를 저질렀다
좌익이 무엇인지 우익이 뭔지도 모르고
그저 쌀을 준다고 하니
비료를 준다고 하니
보도연맹 회원이 되어 목숨을 잃었다
개돼지만도 못한 이유로, 국가라는

거룩한 이름으로 죽었다 끽소리 못하고 죽었다.

—「골령골—세상에서 가장 긴 무덤」 전문

이 시에는 이른바 "세상에서 가장 긴 무덤이"라고 불리는 '골령골'의 학살과 관련된 이런저런 에피소드가 리듬 있는 언어로 그려져 있다. 우선 그는 그곳이 "누구도 엄청난 진실이 두려워 말하지 못한 무덤"이라고 밝힌다. 그러면서 그는 "통곡하는 뼈의 진실 앞에/영혼이 떨려 한 줄의 詩도 쓰지 못했다"고 덧붙인다. 물론 그가 "한 줄의 詩도 쓰지 못"한 까닭 중에는 "진실을 말하는 순간/너도 나도 골로 가"기 때문이기도 하다. 그의 말처럼 "반쪽짜리 나라 신하가 되기 위해/그렇게 신神의 이름으로 원죄를 저질렀다"면 이는 차마 통탄하지 않을 수 없는 일이다. 이곳에서 학살당한 사람들 대부분이 "좌익이 무엇인지 우익이 뭔지도 모르고/그저 쌀을 준다고 하니/비료를 준다고 하니/보도연맹 회원이 되어 목숨을 잃었다"는 것도 또한 그로서는 통탄할 일이 아닐 수 없다. 그가 보기에는 이곳 골령골에서 죽은 사람들이 "개돼지만도 못한 이유로, 국가라는/거룩한 이름으로 죽었다 끽소리 못하고 죽"은 것이다. 그러니 주권재민의 역사의식을 지닌 시인으로서 그가 이 시에서 거듭 통탄스러워하는 것은 자연스러운 일이 아닐 수 없다. 거듭 강조하거니와, 시인으로서 그가 역사의 현장과 관련하여 "진실의 눈동자로 증언의 자리를 지"(「골령골—진실의 카메라」)키려 해왔음을 잊어서는 안 된다.

그가 자신의 시를 통해 '진실의 카메라'가 되려고 해왔음은, 나아가 "진실의 눈동자로 증언의 자리를 지"키려 해왔음은 다른 많은 시를 통해서도 확인된다. 「비상계엄」, 「키세스 설야(雪夜)」, 「세월호」, 「개미 고개 전사(戰史)」 등의 시가 바로 그 예이다. 역사적 현장에 대한 진실한 그의 관심은 전통적이면서도 문화적인 유산까지도 시적 대상으로 포함한다. 이 또한 그의 가슴에 내재화해 있는 애국심 혹은 애민심의 발로라고 이해된다. 이러한 면에서도 그가 이른바 애기애타(愛己愛他)의 정신에 충실한 시인이라는 것을 잘 알 수 있다.

3. 문화유산 혹은 전통 의식의 재발견

황우진의 이번 시집이 보여주는 또 하나의 특징은 끊임없이 이 나라의 문화유산 혹은 전통적 가치에 대한 재발견을 드러내고 있다는 점이다. 문화유산 혹은 전통적 가치에 대한 재발견은 이 나라의 오래된 인문지리적, 역사적 공간의 재발견과 함께하고 있다는 점에서 돋보인다. 이를테면 인문지리적, 역사적 상상력과 함께하고 있는 것이 그의 이번 시집의 시들이 보여주는 또 하나의 특징이라는 것이다.

물론 이들 특징은 문화유산의 재발견 혹은 전통 의식의 재함양이라는 가치와 깊이 연관되어 있어 더욱 돋보인다. 그의 시 가운데 인문지리적, 역사적 상상력과 함께하는 공간, 곧 장소로는 얼핏 홍릉, 백련암(白蓮菴), 고왕암(古王菴), 미륵사(彌勒寺), 칠연의총, 덕유산(德裕山), 성안길 등을 예로 들 수 있다. 이들 공간 의식, 곧 장소 의식은 시인이 살아가는 세종시의 각종 지명까지도 호명해 서정적 흥미를 북돋운다.

그의 인문지리적, 역사적 상상력과 함께하는 세종시의 각종 지명으로는 참샘, 수국정원, 비단강, 청벽강, 덕성서원, 운주산(雲住山), 전월산, 이웅다리 등을 예로 들 수 있다. 이뿐만 아니라 그는 국가 공동체의 과거 및 미래와 관련해 홍범도, 이웅로, 노무현 등 역사적 인물에 대한 서정적 그리움도 자주 호명해 낸다. 사적이고 개인적인 맑고 투명한 정서에 의지하고 있는 것이 그의 시라고 하더라도 그가 끝내 국가 공동체의 과거 및 미래와 관련해 공적인 마음을 잃지 않고 있다는 것이다. 일단은 먼저 조선조 말 비극적으로 최후를 마친 명성황후 민 씨를 추모하고 있는 시부터 읽어 보기로 하자.

> 산국이 노랗게 가을산 물들이는
> 만추晩秋의 계절

홍릉의 언덕에서
비극의 황후 생각에 가슴을 여미네
햇살은 모과나무에 매달려
주렁주렁 노랗게 익어가고
가을 낙엽 하나
바르르 한恨 서린
하늘 모퉁이에서 몸서리치네
애절한 가을밤 목멱산 봉화는
저 혼자 혼절하여
검붉은 눈물로 타올랐으리
을씨년스러운 세월 서러운 하늘은 가고
산비둘기만 조상하며
찬 바람 부는 낙엽 위에서 울고 있다네.

—「홍릉洪陵 가을 숲에서」 전문

이 시의 제목은 「홍릉(洪陵) 가을 숲에서」이다. 홍릉은 조선조 제26대 왕인 고종황제(1852~1919)와 그의 정실부인인 명성황후(1851~1895)의 묘소이다. 시인은 "산국이 노랗게 가을산 물들이는/만추晩秋의 계절"인 "홍릉의 언덕에서/비극의 황후 생각에 가슴을 여미"고 있다. 이 시에서 말하는 "비극의 황후 생각"은 이른바 조선말 을미사변(乙未事變)에 관한 생각, 곧 '1895년 일본 자객들이 경복궁에 난입하여 명성황후를 죽인 사건'에 관한 생각을 뜻한다. 따라서 "비극의 황후 생각"은 잃어버린 나라에 관한 생각을 가리키지 않을 수 없다.

파란만장한 사건으로 점철되어왔던 이 나라의 어제와 오늘을 생각하면 지금 세계를 바라보는 시인의 마음이 온전할 리 만무하다. 그러니 그에게는 햇살이 "모과나무에 매달려/주렁주렁 노랗게 익어가"더라도 "가을 낙엽 하나/바르르 한恨 서린/하늘 모퉁이에서 몸서리치"는 것으로 받아들여질 수밖에 없다. 그가 "애절한 가을밤 목멱산 봉화는/저 혼자 혼절하여/검붉은 눈물로 타올랐으리"라고 상상하는 것도 마찬가지이다. 지나간 시절의 국가 공동체에 대한 차마 어찌하지 못하는 마음은 이 시를 매조지 하는 "을씨년스러운 세월 서러운 하늘은 가고/산비둘기만 조상하며/찬 바람 부는 낙엽 위에서 울고 있다네"와 같은 구절에서도 찾아볼 수 있다.

잃어버린 나라에 대해 안타까워하는 마음은 또 다른 그의 시 「고왕암古王菴에서」를 통해서도 확인할 수 있다. 이 시의 서두에서부터 "가을바람 깊어가는/천지만홍天地滿紅의 계절/신원사 고왕암에서/백제의 슬픈 역사, 반추反芻해 보네"라고 노래하고 있는 것이 그이기 때문이다. 그가 보기에는 "깊은 바위산자락/숨겨진 고왕암 뜨락/비운의 백제 이야기 펼쳐져 있"는 곳이 '고왕암(古王菴)'인 것이다.

잃어버린 나라에 대한 측은지심은 그의 또 다른 시

「백련암白蓮菴을 찾아서」를 통해서도 확인된다. 이 시를 통해 그 자신과 국가 공동체의 설움을 "휘돌아 흐르는 맑은 물결"로 씻어내려고 하기 때문이다.

낙엽 지는 가을에는 태화산 그늘
백범 자취 찾아 마곡으로 가자

하얀 연꽃으로 피어 신화처럼 살고 싶어
아련히 고갯길 넘어 백련암 찾아가네

산사를 휘돌아 흐르는 맑은 물결
가마를 내려놓자 탐심貪心 맑아지네

바위에 새겨진 해탈의 미소
가을바람 소소히 낙엽 날리네

낙엽 흩날리자 가을 내음은 짙어가고
산사의 음악 몽환 속으로 감미롭게 여울지네

풍경소리 먼바다로 굽이치자 목어木魚가 울고
태화산 가을 하늘가에 백련꽃 피어나네.

—「백련암白蓮菴을 찾아서」 전문

이 시의 중심 대상인 '백련암白蓮菴'은 공주시 태화산 마곡사 산하의 작은 암자이다. 이 작은 암자는 일제강점기 초기 백범 김구 선생이 일본인 경찰을 살해한 후 숨어 살던 곳이기도 하다. 시인은 이 시의 앞자리에서 "낙엽 지는 가을에는 태화산 그늘/백범 자취 찾아 마곡으로 가자"라고 권유한다. 물론 그 자신은 일단 "하얀 연꽃으로 피어 신화처럼 살고 싶어/아련히 고갯길 넘어 백련암 찾아"간다고 노래하지만 말이다. 그러면서도 그는 이 시에서 노래하고 있는 '신화'가 김시습의 소설 『금오신화』를 가리킨다고 덧붙이기도 한다.

이 시의 다음 구절에 이르면 "산사 휘돌아 흐르는 맑은 물결"로 "탐심貪心"을 씻어내고 있는 시인과 김구 선생의 모습이 겹쳐 드러나기도 한다. 이어지는 구절의 끝 부문에 이르러 펼쳐지는 장면들, 가령 "풍경소리 먼바다로 굽이치자 목어木魚가 울고/태화산 가을 하늘가에 백련꽃 피어나네"로 미루어 보면 그의 시의 화자가 어디를, 무엇을 지향하는지 잘 알 수 있다.

그의 시가 보여주는 이러한 정신 지향은 또 다른 시 「덕유산德裕山」의 "운무에 휩싸인 덕유산 향적봉에 올라/격조 높은 인생의 도道를 논하네"와 같은 구절을 통해서도 확인된다. "산처럼 무거운 것"이 "세상의 넓은 도道"이거니와, 그는 그것이 "하늘로 멀어져 세속의 인간사/전생의 이야기인 듯 가물거리네"라고 노래하기도 한다.

그렇다고 하더라도 이 시 「덕유산德裕山」에 드러나 있는 장면들 또한 그의 시가 추구하는 인문지리적, 역사적인 상상력과 함께하는 것은 당연하다. 어쩌면 그는 지금 자신의 시를 통해 "거미줄처럼 이어진 미로에서/과거를 찾아 헤매고 있"(「성안길을 걸으며」)는지도 모른다.

앞에서도 언급했듯이 이번 시집 『별밭 서정』에는 그의 생활 기반인 세종시와 그 주변의 자연도 중요한 시적 대상이 되고 있다. '신행정수도'인 세종특별자치시의 의미를 단순한 물리적 공간이 아닌 민족의 이상과 염원이 투영된 새로운 정신적 고향으로 받아들이는 것이 시에서의 그이다. 바로 이러한 이유에서 세종시를 관통하는 금강(錦江)과 전월산(轉月山)은 그에게 매우 중요한 서정적 원천이자 배경이다.

그의 이 시집에서도 '금강'은 '비단강', '청벽강' 등의 이름으로 바뀌어 불리고 있다. 다음은 금강이 '비단강'이라는 이름으로 창작된 시이다.

> 강이 내게 말하네
> 물처럼 흐르라고 말하네
>
> 바위에 부딪히고 둑에 막혀도
> 아침 햇살처럼 반짝이며
> 미소 띤 얼굴로

흐르라고 말하네

강은 내게 또
바람이 되라고 말하네

산처럼 구름처럼
어깨동무 노래하며
실버들 푸른 바람으로
부드럽게 살라 하네.

이 시 「비단강」에서 강물은 시인에게 순응과 포용의 정신을 가르치는 스승으로 존재한다. "물처럼 흐르라고 말하"는 것이 이 시에서의 스승인 강이라는 것을 기억해야 한다. 이어지는 구절에서 스승인 강은 "바위에 부딪히고 둑에 막혀도/아침 햇살처럼 반짝이며/미소 띤 얼굴로/흐르라고 말"한다. 그러니까 스승인 강은 지금 시인에게 시련을 극복하는 자세, 삶을 긍정하는 자세를 일깨워 주고 있는 셈이다.

이 시의 다음 연에서 그가 "강은 내게 또/바람이 되라고 말하네"라고 노래하는 것도 마찬가지의 맥락에서 이해된다. 말하자면 그에게는 "산처럼 구름처럼/어깨동무 노래하며/실버들 푸른 바람으로/부드럽게 살라"고 노래하는 것이 그의 스승인 강이다. 세종시의 자연유산인 '전월산'을 노래하고 있는 그의 시에서도 이러한 태도는 그대로 이어진다. "강물과 산맥이 흐르고 뭉쳐/삼태극 전설이 쌓이는 합강마을/달빛은 구르다 떨어지고/바람은 구름을 몰고 바다로 간다"(「전월산」)라고 노래하는 것이 이 시에서의 그이기 때문이다.

그의 생활 터전인 세종시의 전월산이나 이응다리가 기본적으로 둥근 이미지, 곧 원형 이미지를 갖고 있다는 것도 또한 기억해야 한다. 당대의 현실에 굳게 뿌리내리고 있는 것이 그라고 하더라도 그가 끊임없이 둥근 세상, 곧 원형(圓形)의 가치를 잃지 않고 있다는 것을 염두에 두어야 한다는 것이다. 그에게는 세종시의 전월산이나 이응다리가 원형의 구조를 이루며 시작과 끝이 없는 순환, 통합, 합일의 상징으로 작용하고 있다는 얘기이다. 따라서 그가 정작 꿈꾸는 세상도 '시간의 징검다리'가 끊임없이 서로 이어지는 삶, 곧 과거, 현재, 미래가 꼬리를 물고 이어지는 삶이 가능한 곳이라는 것을 알 수 있다. 그가 이 시집의 시에서 세종특별자치시 건설의 첫 삽을 뜬 노무현 대통령을 두고 "밀짚모자 눌러쓰고/바람같이 살다 간/그리운 임아 막걸리 한 잔/자전거 두 바퀴로/천하를 주유하던/다정한 임아"(「그리운 바보」)라고 노래한 것도 같은 맥락으로 이해해야 할 가치이리라.